ORGANIZZARSI PER IL SUCCESSO

I fondamenti di una gestione efficace del tempo e delle priorità

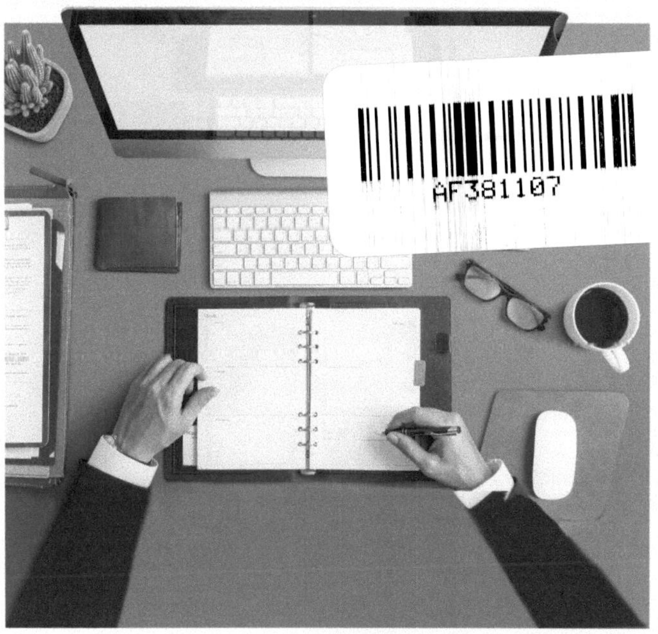

ORGANIZZARSI PER IL SUCCESSO

I fondamenti di una gestione efficace del tempo e delle priorità

scritto da Isabelle Aussant
tradotto par Sara Rossi

50MINUTES.com

ORGANIZZARSI PER IL SUCCESSO

- **Problemi?** Come possiamo organizzare al meglio il nostro lavoro?

- **Perché è utile?** Una buona organizzazione del lavoro è la chiave dell'efficienza: riduce gli imprevisti e fa risparmiare energia.

- **Contesto professionale?** Organizzazione personale, organizzazione all'interno dell'azienda, comunicazione interna, delega.

- **FAQ?**

  - Da dove cominciare?

  - Come individuare i nemici della buona organizzazione?

  - Come potete regolare lo stress che vi impedisce di lavorare?

  - Che ruolo ha la delega nell'organizzazione del lavoro?

  - Organizzazione e comunicazione: due elementi inscindibili?

  - Come ottimizzare il tempo?

  - Come gestire le priorità?

Vi sentite sopraffatti dal numero di cose che dovete fare al lavoro oggi? E non sapete nemmeno da dove cominciare, anche se lo stress comincia a farsi sentire? È urgente organizzarsi per non essere sopraffatti!

Perché l'organizzazione è in realtà uno strumento di benessere sul lavoro, che vi permetterà di essere meno stressati e più efficienti nei vostri compiti. Infatti, in un ambiente professionale in cui si richiede sempre di più, in cui il tempo è frammentato e i compiti si moltiplicano, sapersi organizzare in modo intelligente diventa quasi una condizione di sopravvivenza.

Una buona organizzazione si acquisisce attraverso gli strumenti, ma anche attraverso una buona conoscenza di se stessi, dei propri valori, bisogni e limiti. A questo proposito, in questo libro troverete le chiavi che vi permetteranno di evolvere verso un'organizzazione migliore, adattata al vostro personale modo di funzionare.

L'obiettivo è quello di creare un'organizzazione "ecologica", cioè che vi rispetti personalmente, grazie a una riflessione globale sulla vostra personalità e sugli strumenti di cui vi sarete appropriati, nonché sul vostro ambiente di lavoro (i vostri colleghi e i valori dell'azienda). In questo modo, non avrete la sensazione di forzare le cose e il vostro entourage professionale vi troverà estremamente efficienti!

L'ABC DEL LAVORATORE BEN ORGANIZZATO

IL QUADRO DI RIFERIMENTO STABILITO DALL'AZIENDA

Il quadro organizzativo della vostra azienda probabilmente non dipende da voi, ma dovete conviverci. È quindi una parte importante della vostra organizzazione personale del lavoro. Questo quadro serve gli interessi di un'azienda, in quanto le consente di ottimizzare le operazioni e i costi, ma serve anche l'interesse umano, attraverso il rispetto di ogni individuo all'interno dell'azienda.

L'organizzazione appare quindi come un forte punto di comunicazione all'interno dell'azienda, poiché stabilisce un protocollo che permette a ogni reparto e a ogni individuo di parlare la stessa lingua. Per essere integrato, questo protocollo deve essere preciso e comprensibile, cioè semplice, logico e facilmente trasmissibile. Deve anche essere fonte di ispirazione per ogni singola organizzazione e fornire un esempio da seguire, una linea guida.

È quanto ci spiega Pierre-Marie Gadonneix, direttore amministrativo e finanziario di *ITV Studios France*.

> "Il nostro scopo è la produzione di programmi televisivi. L'organizzazione è quindi essenziale, in quanto è un mezzo per

ottimizzare la funzione primaria dell'azienda. L'ottimizzazione dei costi ci impone di avere un'organizzazione più efficiente che consenta il massimo rispetto della funzione risorse umane. Dobbiamo fare in modo che le pressioni della funzione non compromettano un buon clima di lavoro.

[...]

In un'azienda non possono esistere più sistemi operativi. È importante stabilire *processi* comuni a cui ogni dipendente si attenga, fin dal momento dell'assunzione. Altrimenti, si creano non solo problemi pratici e concreti sui progetti, ma anche tensioni all'interno dei team.

"CONOSCI TE STESSO".

I valori

I nostri valori ci costruiscono fondamentalmente, sono radicati in noi. Danno un senso alle nostre azioni e ci spingono ad agire con tutta la forza di cui siamo capaci. È quindi essenziale conoscere noi stessi per utilizzare al meglio questi fondamenti. Siamo naturalmente più efficaci nei compiti che sono in linea con i nostri valori. D'altra parte, quando non siamo in armonia con i nostri valori, ogni compito richiede uno sforzo considerevole, che spesso ci porta a rimandarlo a più tardi (procrastinazione), sperando che lo stimolo arrivi da solo.

A seconda della situazione psicologica o fisica in cui ci troviamo, attingiamo più o meno a un valore. Ciò significa che rivediamo costantemente la scala dei nostri valori: è quindi importante rivalutarla regolarmente.

Essere consapevoli dei valori che ci animano ci permette di dare priorità ai nostri compiti e quindi di organizzarci in modo più naturale. Ascoltate i vostri desideri, perché i compiti che volete fare saranno svolti più rapidamente e facilmente. Ma non dimenticate di affrontare i compiti meno piacevoli di tanto in tanto, quando il vostro livello di energia è al massimo...

 ## FATE UN PASSO INDIETRO RISPETTO A VOI STESSI

- Quali sono i vostri valori? Famiglia, amici, lavoro, contributo alla società, sport, rispetto, successo sociale, onestà, condivisione. Scrivete tutto ciò che apprezzate.
- Classificateli in ordine di importanza: cercate di identificare i valori che guidano la maggior parte delle vostre azioni e dei vostri comportamenti.
- Come li alimenta nel suo lavoro? Cosa potreste fare di diverso per ottenere una maggiore coerenza personale?

I limiti

Conoscere se stessi significa anche essere consapevoli dei propri limiti. Questi devono essere presi in considerazione al momento dell'organizzazione. Tutti noi abbiamo limiti "di aiuto", che ci permettono di essere gentili con noi stessi e di rispettarci, e limiti "limitanti" che ci impediscono di agire o di portare a termine un'azione. Ci proteggono o ci chiudono in casa. È quindi importante conoscerli per farne un punto di forza della nostra organizzazione. Ponetevi queste domande:

- "Quali sono i miei limiti "di aiuto", quelli che mi proteggono, preservano la mia energia e mi permettono di essere in sintonia con me stesso e di evolvere?".
  - Esempio: accetto il contatto fisico, come una mano sulla spalla, solo dai miei amici più stretti.
- "D'*altra parte*, quali sono i miei limiti "limitanti", quelli che mi bloccano e mi impediscono di andare avanti?".
  - Esempio: di solito mi rifiuto di parlare nelle riunioni di gruppo, preferendo lasciare che siano gli altri a discutere.
- "Quali limiti pongo agli altri? Li formulo in modo chiaro?
- "Cosa faccio quando qualcuno supera i miei limiti? Reagisco in modo da farglielo capire?

Rispondendo a queste domande e definendo questi elementi, sarete chiari con voi stessi e chiari nelle vostre azioni. Sarete una guida affidabile per un'azione coerente e organizzata.

È anche necessario stabilire questi limiti di fronte agli altri, per essere in accordo con il proprio ambiente professionale. Per questo è necessaria un'abilità relazionale essenziale: "saper dire di no". Jacques Salomé, psicosociologo e scrittore francese, ci dice che "osare dire 'no' agli altri è osare dire 'sì' a se stessi". Saper dire di no è una delle chiavi di una buona organizzazione personale e contribuisce alla realizzazione personale. Dire di no a certe cose vi evita di subire gli altri e vi permette di essere coerenti con voi stessi: vi aiuta a distinguere le vostre urgenze da quelle degli altri. E dire "no" è molto più facile se si hanno ben chiare le esigenze a cui si sta dicendo "sì"!

 ## NON SIATE INGANNEVOLI

Essere disponibili per gli altri è ovviamente una grande qualità, ma solo se non vi impedisce di fare ciò per cui l'azienda vi ha assunto. Inoltre, una persona che sa dire "no" a certe richieste con tatto e fermezza dà più valore al suo "sì" e sarà più riconosciuta e apprezzata per questo. Questo non è un segno di disaccordo o di conflitto, ma un segno di differenza, di apertura alla possibilità di uno scambio autentico.

IL RAPPORTO CON IL TEMPO

Buone pratiche e fonti di inefficienza

Ognuno ha la propria percezione del tempo. È quindi importante fare un bilancio del proprio rapporto personale con il tempo e del modo in cui lo si gestisce. Elencando i vostri punti di forza e di debolezza, sarete in grado di identificare le buone pratiche acquisite, ma anche le fonti di inefficienza nel vostro modo di lavorare.

In questo modo si potranno evidenziare i punti di forza, come l'essere sempre puntuali alle riunioni a cui si è invitati, e i punti di debolezza, come il lavorare sempre di fretta, che dà la sensazione di affrettare il lavoro.

- Per ogni punto debole individuato, chiedetevi quale sia la causa. In questo caso, il problema potrebbe essere che ci si dimentica di occuparsi prima di alcuni compiti: ci si affida alla memoria, ma questa gioca brutti scherzi! Ora siete in grado di mettere in atto una soluzione al vostro problema determinando un'azione precisa e misurabile: l'utilizzo di un supporto che vi permetta di ricordare eventi o cose da fare in un determinato momento, ad esempio. Basta scegliere il mezzo più adatto al proprio modo di lavorare: post-it, quaderni, agende elettroniche o qualsiasi altro strumento di vostra scelta che sia pratico e facilmente accessibile.

- Per quanto riguarda le buone pratiche che avete individuato, siate consapevoli di esse e non esitate ad attingervi per trovare soluzioni alle vostre fonti di inefficienza. Come dice questo *kōan* (frase su cui meditare) del Buddismo Zen: "Quello che ti manca, cercalo in quello che hai".

Il ritmo biologico

È ormai scientificamente provato: abbiamo ritmi interni che è bene conoscere e ascoltare. Nel corso di una giornata, la nostra temperatura corporea varia di intensità, così come la forza muscolare e l'attività cerebrale.

Quindi tutte le funzioni del nostro corpo funzionano con alti e bassi.

Anche se è riconosciuto che l'efficienza è migliore durante il giorno, tra le 10 e le 11 del mattino e tra le 15.30 e le 16.30, prendetevi il tempo di identificare le vostre ore di punta e di efficacia, durante le quali l'attività intellettuale è molto vigile, e le vostre ore non di punta, durante le quali i vostri bisogni fisiologici (fame, stanchezza, ecc.) diminuiscono le vostre prestazioni. – Si tratta di momenti in cui i bisogni fisiologici (fame, stanchezza, ecc.) diminuiscono le prestazioni. L'osservazione del proprio comportamento nel corso della giornata sarà il metodo più efficace per fare il punto su questi periodi più o meno produttivi.

Per fare del vostro ritmo biologico una risorsa nella vostra organizzazione, tenete conto di questi cicli per suddividere i diversi compiti da svolgere in una giornata. È quindi sufficiente pianificare i compiti che richiedono un alto livello di disponibilità intellettuale nelle fasce orarie in cui si sa di essere in pieno possesso delle proprie capacità. Questo vi renderà più efficienti.

PARASSITI

Chi inquina l'ambiente di lavoro

Le distrazioni esterne influiscono sulle prestazioni lavorative. Tra questi, non a caso, quelli che disturbano i nostri sensi: rumore, temperatura, scarsa ergonomia della postazione di lavoro, ecc. Assicuratevi che l'ambiente circostante non disturbi la vostra concentrazione. Arieggiate il vostro ufficio almeno una volta al giorno e non esitate a chiudere la porta o a mettere musica nelle orecchie per isolarvi quando ne avete bisogno.

 ## PICCOLO PLUS

Fate della vostra postazione di lavoro la vostra casa: durante la settimana trascorrete la maggior parte del tempo lì, quindi datele qualcosa di familiare e confortevole, come una piccola pianta o un oggetto personale sulla scrivania.

Interazioni professionali

Siamo costantemente sollecitati (telefono, e-mail, richieste di aiuto, ecc.) ed è relativamente raro che non veniamo interrotti nel nostro lavoro. Dobbiamo essere costantemente aperti agli altri, quindi spesso è molto difficile portare a termine un'azione dall'inizio alla fine senza dover rispondere a richieste esterne.

Ad esempio, è forte la tentazione di controllare immediatamente il contenuto di un'e-mail non appena la si riceve, e persino di rispondere. Tuttavia, è meglio prendersi il tempo necessario per rispondere adeguatamente a ogni messaggio, piuttosto che affrontarlo in modo sommario, o addirittura dare una risposta parziale o poco utile come: "Controllerò e ti richiamerò". L'interlocutore potrebbe essere felice di vedere che la sua richiesta viene presa in considerazione, ma non avrà ancora la sua risposta e probabilmente avrà interrotto un'attività per leggere il vostro messaggio, proprio come avrete fatto voi per rispondere.

 ## COSA BISOGNA FARE CONCRETAMENTE?

Iniziate a stabilire delle regole per l'utilizzo degli strumenti di comunicazione. Ad esempio, scegliete di controllare la vostra casella di posta elettronica non più di quattro o cinque volte al giorno, a intervalli più o meno regolari: la mattina al vostro arrivo, a metà mattina, al ritorno dalla pausa pranzo, a metà pomeriggio e la sera 30 minuti prima di uscire.

Questo consiglio vale anche per l'uso dello smartphone: possederne uno non significa essere sempre disponibili. Dopotutto, i messaggi vocali svolgono egregiamente il loro compito! Ascolterete i vostri messaggi e richiamerete quando avrete completato il compito su cui vi state concentrando. Anche in questo caso, la risposta che riuscirete a dare sarà di migliore qualità se la vostra mente non è occupata da altro.

Lo stress

Non tutti i parassiti provengono dall'esterno; alcuni sono molto invalidanti e si annidano dentro di noi. Il più diffuso e il più pernicioso di tutti è senza dubbio lo stress.

Lo stress è una drammatizzazione del futuro. Quando siamo stressati, il nostro stato mentale ne risente: il nostro comportamento, le nostre emozioni e i nostri stati d'animo possono passare da razionali a irrazionali e le nostre azioni perdono coerenza, a volte fino alla paralisi totale.

Lo stress sul lavoro non deve essere un problema, si può aggirare. La chiave è essere chiari su ciò che è o non è di vostra competenza. Immaginate tre zone intorno a voi in cui collocare i compiti da svolgere:

- la vostra area di impatto. È l'area più vicina a voi, dove le vostre decisioni e azioni hanno un effetto diretto;

- la vostra zona di influenza. Un po' più lontano da voi, potete agire in quest'area ma non influirete direttamente sull'obiettivo. Tuttavia, le vostre azioni possono influenzare l'obiettivo;

- la vostra zona di non impatto. Questa zona è troppo lontana da voi, non avete alcun controllo su ciò che accade lì, qualunque cosa decidiate di fare.

Ogni area è soggetta a stress, anche la più remota. Ma quest'ultima è fuori dalla vostra portata: non potete fare nulla per cambiare la situazione. Quindi è meglio smettere di preoccuparsi e concentrarsi sulle proprie aree di impatto e influenza. Facendo il possibile in questi ambiti, potrete incanalare meglio il vostro processo emotivo e, di conseguenza, evitare che lo stress aumenti.

Un esempio: state volando per incontrare alcuni clienti importanti in un altro paese e il vostro volo è in ritardo di due ore, il che vi fa inevitabilmente arrivare in ritardo per l'intera giornata. Invece di iniziare a mangiarvi le unghie, rendetevi conto che questo ritardo non dipende da voi: non potete fare nulla per far arrivare l'aereo più velocemente (zona di non impatto). Ciò che fate durante questo tempo di attesa dipende esclusivamente da voi (zona d'impatto). Concentratevi quindi su questo aspetto e non mettetevi inutilmente sotto pressione per un ritardo che non è colpa vostra.

 ## MANTENERE LA CALMA

- Guardare le cose per come sono, senza interferenze emotive: separare i fatti oggettivi dai propri sentimenti.
- Siate nel presente: in questo modo eviterete di anticipare un possibile esito negativo che vi stresserebbe in anticipo. Invece di pensare: "Se faccio questo, potrebbe succedere questo", dite a voi stessi: "Oggi agisco con un obiettivo valido, aspettandomi un risultato simile", e tenete presente che nessuno può prevedere tutto.

Procrastinazione

La procrastinazione è un sintomo che rimanda a domani ciò che potrebbe o dovrebbe essere fatto oggi. Quest'arte della procrastinazione si verifica soprattutto quando ci sono troppe cose da fare nello stesso lasso di tempo o quando dobbiamo fare qualcosa che va contro i nostri valori. Finiamo per pensare costantemente a ciò che dobbiamo fare, senza trovare l'energia per farlo.

Iniziate ricordando questo principio: se avete tutte le informazioni necessarie, agire immediatamente è sempre più rapido e spesso molto più efficace che pianificare di farlo in seguito.

Ora, se è assolutamente necessario rimandare, la soluzione migliore è trasformare questa tendenza a procrastinare in uno strumento positivo e creativo, esaminando le conseguenze future del rimandare ogni azione su di voi e sul vostro ambiente professionale. In questo modo sarà più facile stabilire le priorità. Chiedetevi quale rinvio avrà probabilmente l'impatto più pesante e concentratevi su quel compito, lasciando gli altri per un secondo momento.

 ## ATTENZIONE!

Non dimenticate di mettere da parte un po' di tempo nella settimana o nel mese per fare tutte quelle piccole cose che avete rimandato, senza scuse questa volta!

DEFINIZIONE DELLE PRIORITÀ DEI COMPITI

Dopo aver esplorato i fattori interni allo sviluppo della vostra organizzazione personale, è ora importante stabilire le priorità dei vostri compiti. Alcuni compiti devono essere svolti prima di altri a causa della loro priorità. Questo sembra ovvio, ma non è così facile da attuare perché si tratta di saper distinguere tra ciò che è importante e ciò che è urgente, e di non confondere la velocità con l'efficienza.

È più facile procedere per gradi. Anche in questo caso, facendo un passo alla volta, farete grandi passi avanti e, soprattutto, nella giusta direzione.

- Per ogni progetto in cui siete coinvolti, iniziate a identificare chiaramente i compiti che sono di vostra responsabilità personale. Suddividere il più possibile le attività impegnative e complesse in parti più gestibili.

 **PICCOLO PLUS**

Per ogni progetto, ponetevi le seguenti tre domande:

- Qual è il mio ruolo?
- Qual è la mia responsabilità?
- Quali sono le azioni specifiche da intraprendere?

- Elencateli, su un semplice foglio bianco o in una tabella realizzata con un software, in modo da essere consapevoli dell'entità delle azioni da intraprendere per ogni progetto. Affinché questo elenco sia efficace, ogni compito deve iniziare con un verbo che inviti all'azione.

- Quindi classificate i compiti in base alla loro urgenza e importanza, assegnando a ciascuno un numero di serie. Questo vi permetterà di tenere conto della logica della cronologia degli eventi e di ciò che si adatta ai vostri valori, ma anche delle aspettative e delle esigenze del vostro personale e della direzione. Ad esempio: n. 1 – Contattare i fornitori; n. 2 – Identificare le esigenze dei clienti; ecc.

- Ora è necessario pianificare i compiti nel tempo, stimando approssimativamente il tempo necessario per completare ciascuno di essi. È importante tenere aggiornata la propria tabella di marcia, lasciandosi un margine di manovra per far fronte agli imprevisti. Ad esempio: lunedì e martedì – contattare i fornitori; mercoledì – identificare le esigenze; ecc. Rivedere la pianificazione ogni volta che è necessario.

Se vi risulta difficile pianificare alcune azioni perché sembrano tutte urgenti, tornate alla fase precedente e rivedete la classificazione, se necessario. Chiedetevi se un compito non può aspettare il giorno successivo o la settimana successiva. Se è necessario e se lo ritenete accettabile, non esitate a chiedere al vostro cliente o al vostro superiore una proroga il prima possibile.

Siate responsabili di voi stessi e cercate di portare a termine i compiti previsti per ogni giorno. Il beneficio sarà immediato: una sensazione di intensa soddisfazione per il lavoro svolto. E se vi accorgete di essere rimasti indietro, tornate al vostro programma e adattatelo alla realtà.

SAPER DELEGARE!

Ora che avete una visione chiara del lavoro che vi aspetta, potreste rendervi conto che dovrete attingere a risorse diverse dalle vostre per riuscire a fare tutto in tempo.

Infatti, la delega consente una migliore distribuzione del carico di lavoro e incoraggia l'iniziativa. Permette di sviluppare un vero lavoro di squadra, di migliorare la produttività e di ottenere una forma di riconoscimento per tutti. Delegando, si definisce il proprio ruolo, ci si posiziona rispetto agli altri e si incoraggia così la responsabilità. È quindi un elemento essenziale nella propria organizzazione e in quella di un'azienda.

Pierre-Marie Gadonneix ci dice a questo proposito:

> "Vengo messo in copia su tutte le e-mail, ma non intervengo se i destinatari non me lo chiedono direttamente. Delego, il che a sua volta mi permette di liberare tempo per fare un passo indietro e lavorare su aspetti meno funzionali.

"Cosa posso delegare?"

La matrice di Eisenhower aiuta a rispondere a questa domanda. Assumete voi stessi i compiti che ritenete urgenti e importanti, ma non esitate a delegare ciò che è importante ma meno urgente, o ciò che è urgente ma non molto importante.

Tenete presente che la delega richiede anche tempo per la pianificazione e la comunicazione, quindi è meglio affidare direttamente compiti pesanti o ripetitivi, che giustificano il tempo impiegato in precedenza.

"A chi delegare?"

Per individuare la persona giusta a cui delegare un progetto, è necessario procedere per gradi:

- valutare il compito da delegare ;

- determinare le competenze e le responsabilità necessarie per realizzarlo;

- scegliere una persona competente e motivata. Si può anche semplicemente considerare il loro potenziale, anche se ciò significa dare loro una formazione supplementare.

 DA EVITARE

Non delegare alla cieca. Se si basa la propria decisione su una valutazione approssimativa e soggettiva di un collega e si presume che sarà soddisfatto della delega, si rischia di perdere tempo anziché risparmiarlo se si scopre che ci si è sbagliati, e probabilmente si dovrà riesaminare il lavoro.

"Come delegare bene?"

Una delega efficace richiede una comunicazione adeguata. Per farlo, affidatevi a queste tre modalità di comunicazione:

- informazioni bottom-up dal dipendente al cliente;

- debriefing o scambio allo stesso livello per i diversi interlocutori;

- la valutazione o l'informazione dall'alto verso il basso dal committente al dipendente.

Grazie a queste tecniche, sarete in grado di delegare un progetto in modo efficace seguendo questi passaggi:

- Definire un obiettivo chiaro e preciso che deve essere comunicato e rispettato. Ciò richiede un impegno reciproco verso mezzi e responsabilità chiaramente definiti;

- La delega deve essere congruente con l'obiettivo e in armonia con le aspettative del dipendente, nel rispetto dei suoi interessi. Deve essere uno scambio vantaggioso per tutti. Si delega un compito per raggiungere un obiettivo prefissato. Anche il dipendente dovrebbe trarne beneficio: sentire di essere la persona giusta per svolgere questo compito, poter dimostrare il proprio investimento e le proprie capacità, ma anche dimostrare di essere in grado di superare se stesso. Siate consapevoli delle possibili resistenze e dell'eccessivo entusiasmo e affrontatele con la necessaria comprensione e/o fermezza;

- garantire il follow-up, cioè il monitoraggio, che deve essere effettuato regolarmente, senza essere soffocante. Il monitoraggio consente di modificare un'azione intrapresa se necessario, di congratularsi, di intraprendere ulteriori azioni, di aggiungere o ritirare risorse, ecc;

- D'altra parte, bandite dal vostro comportamento l'atteggiamento del "fare invece". Voi avete il vostro modo di fare le cose e il vostro collega potrebbe averne uno leggermente diverso. Lasciatevi andare! L'importante è che il collaboratore comprenda l'obiettivo che avete fissato e tutti i parametri per raggiungerlo;

- prestare attenzione alla comunicazione, sia a monte che a valle o durante l'esecuzione del compito delegato. Avete preparato il terreno per la vostra delegazione? La comunicazione stabilita in precedenza sarà utile durante e dopo il compito;

- Non dimenticate di concludere l'esperienza con un bilancio post-delegazione. Fornire al dipendente un feedback sull'esperienza è di fondamentale importanza per il suo apprezzamento e il suo impegno nei confronti dell'azienda;

 DA EVITARE

- Non delegate mai di fretta: rischiate di saltare un passaggio o di comunicare male l'obiettivo.
- Non siate perfezionisti: lasciatevi andare a un metodo che può essere diverso dal vostro ma altrettanto efficace. Un controllo eccessivo porta all'esautorazione e alla demotivazione.

I MIGLIORI CONSIGLI

- Evitate il disordine, è nemico dell'organizzazione: fate la cernita e buttate via man mano che procedete. Un ufficio ordinato quando si esce la sera è un ufficio accogliente il mattino dopo per iniziare una buona giornata.

- Progettate la vostra postazione di lavoro in modo ergonomico. Riducete al minimo il numero di spostamenti tenendo a portata di mano i file o gli strumenti che vi servono più volte al giorno. Conservate tutto in modo semplice e pratico, in modo da poter trovare rapidamente ciò che cercate. Ad esempio, un file in una cartella che si trova in uno schedario e in un cassetto richiede troppi movimenti. E troppi movimenti sono uno spreco di tempo, energia e concentrazione se si è frustrati per non riuscire a trovare invano il documento che si sta cercando.

- Sia comprensibile e comprensibile per voi e per i vostri collaboratori, sia nella comunicazione verbale che in quella scritta: un nome di file definito secondo una nomenclatura comune fa risparmiare tempo a tutti.

- Chiarite i vostri piani e sostenete le vostre intenzioni programmando sotto-obiettivi concreti per renderli più chiari. Scomporre il più possibile attività impegnative e complesse in componenti più facilmente realizzabili.

- Siate consapevoli delle vostre responsabilità. Assumersi la responsabilità di un compito e definirne i limiti vi eviterà di dover sostenere la responsabilità di altri per l'intero progetto, cosa che inevitabilmente genererà stress in quanto non di vostra competenza.

- Stabilite nella vostra agenda gli eventi ricorrenti del vostro lavoro nel corso del mese o dell'anno. Questo vi permetterà di anticipare e preparare questi compiti.

- Scrivete nella vostra agenda solo le cose essenziali e professionali. Non è il caso di sovraccaricare l'agenda di lavoro con il promemoria per il compleanno: questa confusione visiva può distruggere la motivazione e l'energia.

- Stimate il tempo necessario per completare i diversi compiti. Quando si inizia un nuovo compito, è necessario sapere quanto tempo vi si dedicherà e rispettarlo. Se non avete un'idea chiara, non esitate a scrivere l'ora in cui iniziate un compito e quella in cui lo terminate. In questo modo sarà possibile utilizzare questa stima per la volta successiva.

- Seguendo la stessa idea, fissatevi delle *scadenze*: questo vi permetterà di impostare un piano d'azione per la vostra giornata o settimana in base alle priorità.

- Preparate le riunioni: ordine del giorno, elenco dei partecipanti, domande da porre, discorsi incisivi, ecc.

- Essere consapevoli delle risorse di cui si ha bisogno per essere efficaci. Scegliete gli strumenti giusti e allenatevi a usarli: troppo spesso le perdite di tempo e lo stress sono la conseguenza di strumenti che non sono adatti o che non si padroneggiano. Non esitate a chiedere al personale più esperto di dedicarvi qualche minuto di formazione informale sull'uso di uno strumento, invece di continuare a inciampare ogni giorno nella stessa azione.

- Fate delle pause! Può sembrare paradossale, ma fare una pausa di cinque minuti ogni due ore può far risparmiare tempo. Il cervello non può lavorare a pieno regime per tutto il giorno. Dagli il tempo di ricaricarsi e di rimettersi in carreggiata.

FAQ

DA DOVE COMINCIARE?

È fondamentale iniziare a lavorare su se stessi. Fare un passo indietro rispetto a se stessi e alla propria attività è la chiave per impostare una buona organizzazione. Fate il punto sui valori che vi accompagnano e sui limiti che non volete superare.

Sulla base di questi valori e limiti, sarete in grado di identificare i compiti che vi motivano e sui quali sarete probabilmente più efficaci, e i compiti che vi richiederanno uno sforzo supplementare. Sarete anche in grado di giustificare un "no" a una richiesta che supera i vostri limiti.

COME INDIVIDUARE I NEMICI DELLA BUONA ORGANIZZAZIONE?

Per individuare questi parassiti che hanno origine sia all'esterno che all'interno di noi stessi, iniziate osservando, ascoltando e sentendo le cose che vi circondano.

- Il sedile è regolato all'altezza giusta?

- Lo schermo e la tastiera sono impostati correttamente?

- Il vostro telefono è facilmente accessibile? Il portatile è adatto?

- C'è rumore intorno a voi? Se sì, come potete isolarvi al meglio da essa?

- La temperatura della stanza è spesso un argomento di discussione? Se fa spesso freddo, avete un cardigan da lasciare sullo schienale della sedia? Se fa spesso caldo, pensate di arieggiare la stanza?

- ecc.

A poco a poco, correggendo questi elementi che possono sembrare dettagli, vi sentirete già molto più a vostro agio nel vostro ambiente di lavoro. Questo è uno dei primi passi verso l'efficienza.

Continuate analizzando le vostre interazioni con gli altri (colleghi, superiori, clienti, fornitori, ecc.): vi distraggono? In caso affermativo, come potete ottimizzarli in modo che la vostra concentrazione ne risenta il meno possibile? Mettete questi pensieri in relazione all'uso dei vostri strumenti (computer, portatile, ecc.): potrete così bilanciare questi due assi tra loro.

Se sono passati due mesi da quando avreste dovuto scrivere una relazione o mettere via un pezzo di equipaggiamento usato all'ultimo evento, è ora di prendere il toro per le corna e di interrompere senza indugio questi piccoli compiti che sono stati rimandati mille volte.

Infine, imparate a leggere i segnali dello stress: sonno disturbato, persino insonnia frequente; stanchezza marcata; mal di schiena; ansia per il domani; ecc. Conoscendo questi parametri, sarete in grado di reagire prima di essere sopraffatti.

COME POTETE REGOLARE LO STRESS CHE VI IMPEDISCE DI LAVORARE?

Avete identificato cosa è e cosa non è nella vostra zona d'impatto, ma lo stress continua a sommergervi con una montagna di compiti da portare a termine in un lasso di tempo che si riduce rapidamente. Per aiutarvi a controllarlo, iniziate a identificare le sue fonti nel vostro lavoro:

- è legato al contenuto del suo lavoro? Sovraccarico di lavoro, complessità dei compiti, monotonia, livello di responsabilità, livello di autonomia, rischi professionali, ritmo, pressione, ecc;

- è legato all'ambiente di lavoro? Atmosfera (rumore, temperatura, luce, ecc.), design della postazione di lavoro, dimensioni e struttura dell'azienda, igiene, colleghi, supervisore, ecc.

Una volta individuate le fonti di stress, dovrete imparare a reagire con calma ad esse. A tal fine, è meglio organizzarsi per rimanere in una zona di comfort, il che implica tre cose:

- sicurezza. Scegliete prima i percorsi in cui vi sentite sicuri, per riacquistare poco a poco la fiducia in voi stessi;

- legittimità. Se vi viene chiesto di adottare un nuovo comportamento che non trovate legittimo, non cambiate. Per avere successo, qualsiasi cambiamento deve essere strettamente legato ai vostri valori;

- facilità. Quando avete fatto il primo passo, avete costruito una solida base per fare il secondo passo. Scegliere la via più facile è quindi una garanzia di successo!

E ora, passate all'azione! Concentratevi sull'azione successiva da compiere, non sul lavoro finale da svolgere o sull'obiettivo finale da raggiungere. Per farlo, pensate in termini di AZIONI! Invece di guardare la montagna davanti a voi, concentratevi su fatti tangibili: pianificate compiti concreti e rapidamente realizzabili, come ad esempio: "Informatevi sui concorrenti" o: "Fate una prima selezione delle candidature ricevute". Una volta completata questa azione, passate a quella successiva e così via. A poco a poco, il lavoro progredirà e lo stress diminuirà.

CHE RUOLO HA LA DELEGA NELL'ORGANIZZAZIONE DEL LAVORO?

Delegare alcuni dei compiti meno importanti o meno urgenti permette di liberare tempo per quelli che vale davvero la pena svolgere in prima persona. Potete anche decidere di delegare compiti per i quali siete meno competenti di un collega. Questo farà risparmiare tempo a tutti: a voi personalmente, ma anche al progetto in generale.

Saper delegare in modo efficace è quindi un elemento chiave di una buona organizzazione del lavoro. Per fare questo :

- valutare il compito e le competenze richieste per scegliere la persona giusta per il lavoro;

- definite con lei un obiettivo chiaro e preciso e poi lasciatele libertà di scelta su come svolgere il compito, assicurando un follow-up regolare;

- far circolare le informazioni prima, durante e dopo la delegazione, utilizzando il *reporting*, il debriefing e il debriefing;

- valutate i risultati ottenuti fornendo un rapporto, che vi permetterà di dare segni di riconoscimento al vostro dipendente e di influenzare così la sua motivazione.

ORGANIZZAZIONE E COMUNICAZIONE: DUE ELEMENTI INSCINDIBILI?

Se volete realizzare un progetto che richiede diverse competenze, se volete delegare o se state affrontando un conflitto, dovrete comunicare. È quindi essenziale essere responsabili della propria comunicazione e controllarla per evitare che diventi un ostacolo all'organizzazione.

Pertanto, l'apertura verso gli altri, l'ascolto attivo, la capacità di leggere il linguaggio paraverbale e non verbale, la riformulazione delle informazioni e l'arte di porre domande sono tra gli strumenti chiave di una comunicazione efficace.

Alcuni precetti da tenere a mente e da applicare

- Considero e apprezzo la persona con cui sto parlando.

- Mantengo una certa distanza emotiva per mantenere la mia neutralità.

- Ascolto le esigenze che servono solo alla situazione e metto da parte le altre. In questo modo, mi concentro sulle buone intenzioni e rimango lucido.

- Sono esplicito nelle mie intenzioni e questo ispira fiducia.

- Mantengo il flusso di informazioni in entrambe le direzioni; in questo modo alimento il movimento necessario alla comunicazione.

COME OTTIMIZZARE IL TEMPO?

Il tempo è un valore prezioso nelle nostre giornate spesso piene di impegni. Analizzate il vostro rapporto con il tempo per trarre le giuste conclusioni sui punti da migliorare.

Siate consapevoli delle vostre buone pratiche e delle vostre fonti di inefficienza per potervi lavorare. Per scoprirlo, rispondete alle seguenti domande nell'ordine indicato:

- Vi è difficile gestire il tempo che avete a disposizione per svolgere un determinato compito?

- Se sì, quali sono le difficoltà che incontrate più spesso?

- Cosa vi crea questa difficoltà?

- Che impatto ha sulla vostra organizzazione?

Elencare le difficoltà vi permetterà di proporre una soluzione per ognuna di esse e di evidenziare il beneficio che ne trarrete.

Un altro modo per ottimizzare il tempo di lavoro è pianificare le giornate in base al proprio ritmo biologico. Sfruttate al massimo le ore di piena concentrazione programmando i compiti che monopolizzano maggiormente il vostro intelletto. E se la vostra attività richiede di rimanere estremamente concentrati fino alle 13.00, nulla vi impedisce di anticipare il calo di energia e di fare uno spuntino verso le 10.00.

COME GESTIRE LE PRIORITÀ?

Le priorità sono definite da due poli: voi stessi e il vostro ambiente. Saperli gestire significa :

- distinguere tra compiti urgenti e importanti. I compiti urgenti devono essere affrontati, ma mai a scapito di quelli importanti. A tal fine, programmate sempre almeno un compito importante da portare a termine al giorno;

- trovate il giusto equilibrio tra ciò che vi viene chiesto di fare e ciò che pensate sia giusto fare. Considerate la richiesta nel suo complesso, cercando di valutare se ciò che vi viene chiesto di fare è importante per i vostri obiettivi o per quelli del vostro team. Quindi essere in grado di spiegare la propria percezione delle cose ai colleghi o ai superiori su richiesta - poiché l'importanza di un compito può talvolta essere soggettiva – ed essere in grado di dire "no" o di chiedere più tempo quando ciò potrebbe influire sul proprio lavoro.

In sintesi, agite in ordine decrescente: occupatevi prima dei compiti che, se non svolti, avranno un grave impatto sul vostro lavoro e su quello dei vostri colleghi, siano essi urgenti o importanti, poi di quelli con conseguenze più limitate, e così via.

STA A VOI DECIDERE!

Ecco alcuni esercizi molto semplici che vi aiuteranno a prendere coscienza della vostra situazione attuale, a proporre le vostre soluzioni in relazione alle diverse aree di miglioramento e quindi a muovervi verso un'organizzazione efficiente ed efficace.

GESTIONE DEL TEMPO

Obiettivo: identificare ciò che riduce la vostra efficienza nella gestione del tempo.

Elencate i vostri punti deboli in una tabella. Per ognuno di essi, scrivete il motivo e la soluzione che proponete e, per fissare un obiettivo misurabile, stabilite una scadenza per l'attuazione della soluzione.

GESTIONE DELLE PRIORITÀ

Obiettivo: analizzare quali compiti sono stati completati e quali no in un giorno e il loro livello di priorità.

Elencate in una tabella i compiti svolti in un giorno, ora per ora, e in una seconda tabella i compiti che non siete riusciti a svolgere.

Su questa base, rispondete alle due domande seguenti e, in base alle risposte, rivalutate eventualmente il livello di priorità di alcuni compiti:

- Che impatto hanno avuto i compiti non portati a termine sulla vostra giornata lavorativa?

- Come avreste potuto fare altrimenti?

PARASSITI

Obiettivo: recuperare energia decidendo di eliminare i parassiti.

Elencate in forma di grafico almeno tre cose che interferiscono con la vostra organizzazione quotidiana al lavoro e che vi fanno sprecare energia. Poi prendetevi un po' di tempo per pensare a cosa potreste fare per ridurre l'effetto negativo di queste distrazioni.

PER ANDARE OLTRE

FONTI BIBLIOGRAFICHE

Salomé Jacques, *A chi farei del male se fossi me stessa?* Montreal, Les Éditions de l'Homme, 2008.

ALTRE FONTI

Corsi di coaching seguiti presso la Haute École de Coaching con Philippe Duvillier e Fabienne Lemaigre-Voreaux, allenatori e formatori certificati.

Vogliamo sapere da voi!
Lasciate un commento sulla vostra biblioteca online
e condividete i vostri libri preferiti sui social media!

IMPROVE YOUR GENERAL KNOWLEDGE

IN THE BLINK OF AN EYE!

www.50minutes.com

L'editore garantisce l'affidabilità delle informazioni pubblicate, che non possono tuttavia impegnare la sua responsabilità.

Master ISBN: 9782808608176
ISBN cartaceo: 9782808609388
Deposito legale: D/2023/12603/123

Design digitale: Primento,
il partner digitale degli editori.